West Chicago Public Library District
118 West Washington
West Chicago, IL 60185-2803
Phone # (630) 231-1552
Fax # (630) 231-1709

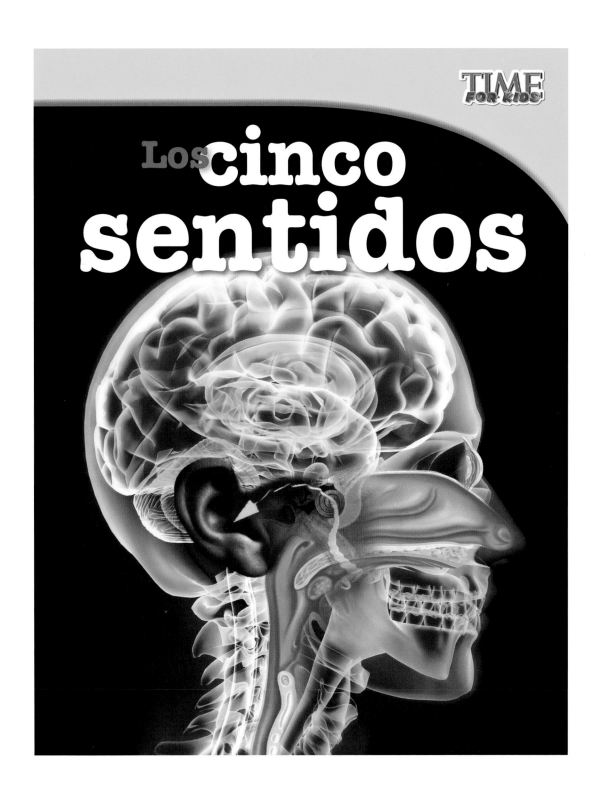

Los cinco sentidos

TIME FOR KIDS

Jennifer Prior

First hardcover edition published in 2017 by Capstone Press
1710 Roe Crest Drive, North Mankato, Minnesota, 56003
mycapstone.com

Published in cooperation with Teacher Created Materials. Teacher Created
Materials is copyright owner of the content contained in this title.

Based on writing from TIME For Kids. TIME For Kids and the TIME For Kids logo
are registered trademarks of TIME Inc. Used under license.

Credits
Dona Herweck Rice, *Editor-in-Chief*
Robin Erickson, *Design and Production Manager*
Lee Aucoin, *Creative Director*
Connie Medina, *M.A.Ed., Managing Editor*
Stephanie Reid, *Photo Editor*
Rachelle Cracchiolo, *M.S.Ed., Publisher*

Library of Congress Cataloging-in-Publication data is available on the Library of
Congress website.
ISBN: 978-1-5157-5183-0

Image Credits
Cover Digital Storm/Shutterstock; 3drenderings/Shutterstock; Felixdesign/Shutterstock;
leonello calvetti/Shutterstock; p.3 Mat Hayward/Shutterstock; p.6 Gelpi/Shutterstock;
p.7 Ianych/Shutterstock; p.9 Sebastian Kaulitzki/Shutterstock; p.10 Maica/iStockphoto;
p.11 left: First Light/Alamy; p.11 inset: prism68/Shutterstock; p.13 back: AISPIX/Shutterstock;
p.14 top to bottom: Phil Emmerson/Shutterstock; darios/Shutterstock; p.15 yuyangc/
Shutterstock; p.17 Australia/Bigstock; p.17 inset: Losevsky Pavel/Shutterstock; p.19 top
to bottom: Nikonaft/Shutterstock; 3DDock/Shutterstock; NMorozova/Shutterstock;
MartinDamen/Shuttertsock; natalou:)/Shutterstock; Mat Hayward/Shutterstock; p.21 top to
bottom: Ramona Heim/Shutterstock; zhuda/Shutterstock; p.23 Eva Serrabassa/iStockphoto;
p.25 top to bottom: LindaYolanda/iStockphoto; Ilya Andriyanov/Shutterstock; p.26 Ints
Vikmanis/Shutterstock; p.27 leonello calvetti/Shutterstock; p.28 CREATISTA/Shutterstock;
Danny Smythe/Shutterstock; Fotokon/Shutterstock; p.29 top to bottom: Kapu/Shutterstock;
jordache/Shutterstock; p.32 left to right: sharpner/Shutterstock; NMorozova/Shutterstock;
background: alena hovorkova/Shutterstock; back cover: Sebastian Kaulitzki/Shutterstock

Consultants

Timothy Rasinski, Ph.D.
Kent State University

Lisa A. Leewood, C.S.T.

Erin P. Wayne, M.D.

Printed in the United States of America.
010410F17

Tabla de contenido

Tus maravillosos sentidos

Es un día de verano y estás afuera, bebiendo limonada. Saboreas el dulce jugo que fluye por tu lengua. Admiras el cielo azul. Oyes el canto de un pájaro. El aroma del césped fresco invade el aire. Sientes el calor del sol en tu piel.

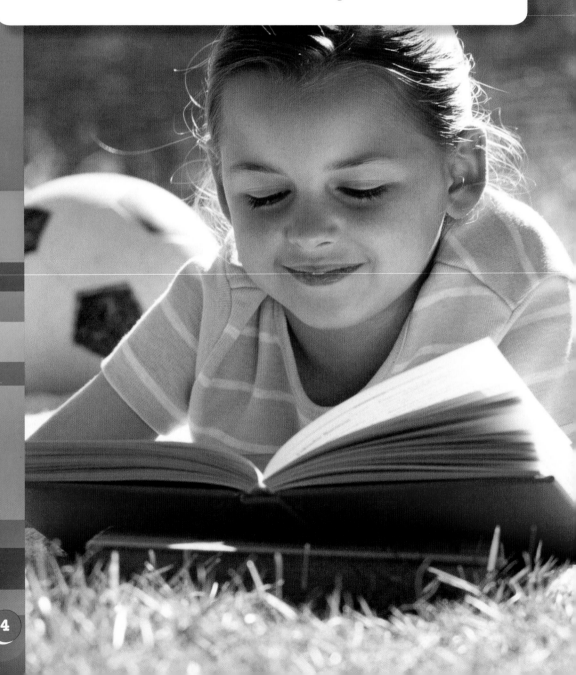

Puedes disfrutar de este hermoso día gracias a tus sentidos. Los sentidos son responsables de todo lo que ves, oyes y hueles. También sientes y saboreas gracias a tus maravillosos sentidos.

Todo comienza en el cerebro

El cerebro te ayuda a percibir el mundo a través de los cinco sentidos: vista, oído, olfato, gusto y tacto.

Los sentidos te ayudan a comprender los cambios a tu alrededor. Cuando un semáforo cambia a rojo, lo ves y te detienes. Cuando baja la temperatura, lo sientes y te abrigas. Oyes ruidos que te indican que alguien se acerca. Hueles humo y sabes que hay fuego cerca. Pruebas algo delicioso y quieres más.

olfato

6

oído

vista

gusto

tacto

No importa qué hagamos,
nuestros sentidos están
trabajando. ¿Qué ves,
oyes, hueles, tocas y
pruebas en este momento?

7

El cerebro recibe información de lo que ocurre fuera del cuerpo. Después, envía la información por el cuerpo. Esto lo hace a través de las células nerviosas, llamadas **neuronas**, en el cerebro y el cuerpo.

Las neuronas transmiten al cerebro la información captada por los sentidos. Luego, el cerebro interpreta (comprende) esta información. Por último, utiliza las neuronas para enviar mensajes sobre qué hacer con la información a las partes del cuerpo que necesitan responder. Todo esto ocurre en un instante. Tú ni siquiera sabes que está sucediendo; sólo te das cuenta de los resultados.

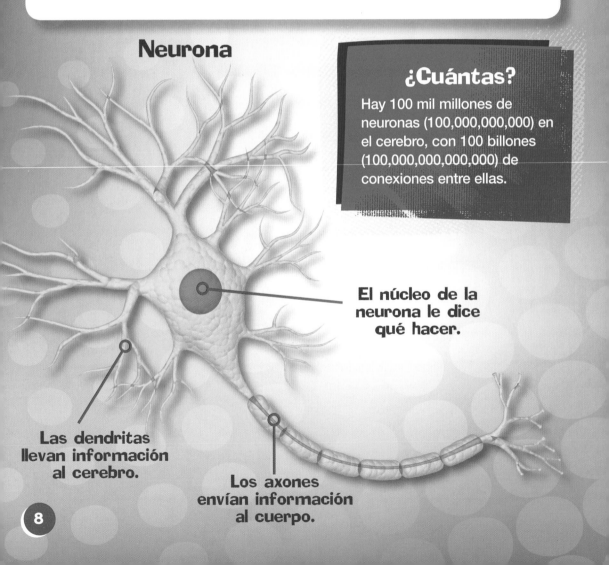

Neurona

¿Cuántas?

Hay 100 mil millones de neuronas (100,000,000,000) en el cerebro, con 100 billones (100,000,000,000,000) de conexiones entre ellas.

El núcleo de la neurona le dice qué hacer.

Las dendritas llevan información al cerebro.

Los axones envían información al cuerpo.

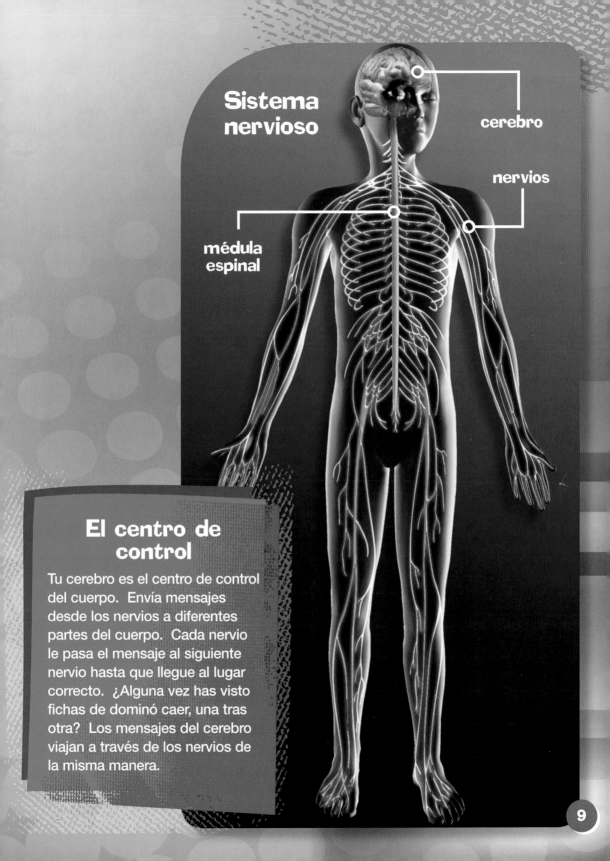

Sistema nervioso

cerebro

nervios

médula
espinal

El centro de control

Tu cerebro es el centro de control del cuerpo. Envía mensajes desde los nervios a diferentes partes del cuerpo. Cada nervio le pasa el mensaje al siguiente nervio hasta que llegue al lugar correcto. ¿Alguna vez has visto fichas de dominó caer, una tras otra? Los mensajes del cerebro viajan a través de los nervios de la misma manera.

La vista

La vista te ayuda a ver las cosas del mundo que te rodean. Los ojos envían mensajes al cerebro y éste te dice qué estás viendo.

La vista es una de las formas más importantes que tenemos de entender el mundo. ¿Alguna vez te han vendado los ojos? Entonces sabrás lo difícil que puede ser la vida sin el sentido de la vista.

Un oculista te ayuda a mantener tus ojos fuertes y sanos.

Oculista

Un oculista es un médico especialista en ojos. Es bueno visitar al oculista una vez al año. Si tienes problemas para ver, el oculista podrá recetarte anteojos o lentes de contacto para que tengas una vista perfecta.

Ayuda para los ciegos

Aunque la mayoría de las personas pueden ver, algunas son ciegas y necesitan ayuda especial para interactuar con el mundo. Algunos ciegos utilizan bastones que les ayudan a sentir los objetos a su alrededor. Otros usan perros guía especialmente entrenados para mantener a sus dueños seguros. Las personas ciegas pueden leer gracias al alfabeto braille, un tipo de escritura hecha de puntos en relieve que puede leerse con las puntas de los dedos.

Este perro guía ayuda a su dueño con las actividades diarias. Los perros guía reciben un entrenamiento especial.

11

El ojo es una estructura asombrosa. La parte blanca del ojo se llama **esclera**. Es un recubrimiento que abarca la mayor parte del globo ocular. La **córnea** es parte de la esclera. Es transparente y cubre la parte pigmentada del ojo. La córnea es como una ventana que deja pasar luz al globo ocular.

El **iris** y la **pupila** están detrás de la córnea. El iris es la parte que tiene color. La pupila es el círculo negro que puedes ver en el centro del iris. El iris controla la cantidad de luz que pasa por la pupila. Cuando está oscuro, el iris agranda la pupila para permitir que pase más luz. Cuando hay iluminación brillante, el iris reduce la pupila para que pase menos luz.

La luz que entra por el ojo llega al **cristalino**. El cristalino enfoca la luz en el fondo del globo ocular, o la **retina**. La retina envía un mensaje al cerebro y éste te dice lo qué estás viendo.

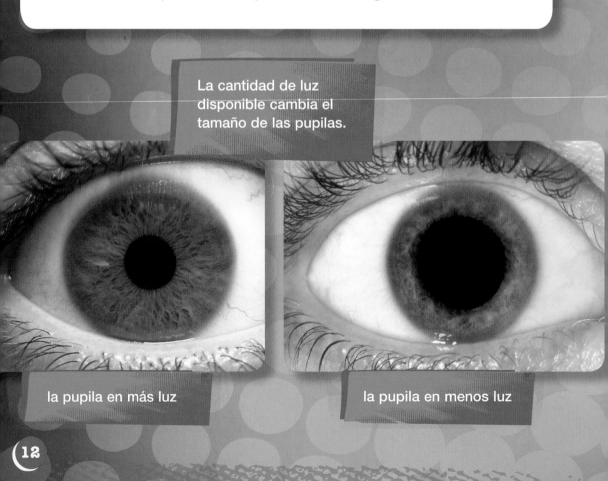

La cantidad de luz disponible cambia el tamaño de las pupilas.

la pupila en más luz

la pupila en menos luz

Diagrama del ojo

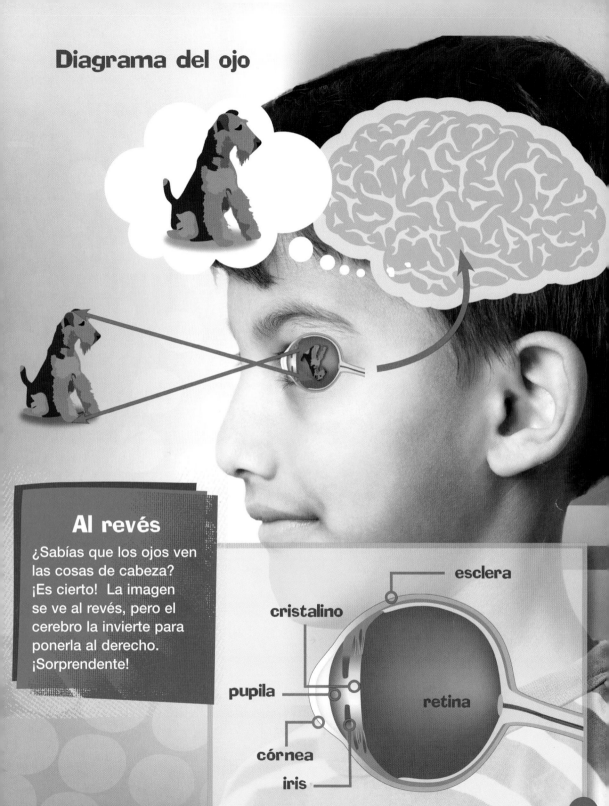

Al revés

¿Sabías que los ojos ven las cosas de cabeza? ¡Es cierto! La imagen se ve al revés, pero el cerebro la invierte para ponerla al derecho. ¡Sorprendente!

esclera

cristalino

pupila

retina

córnea

iris

El oído

Aprendes mucho acerca del mundo a través de los oídos. Puedes oír ruidos fuertes o muy débiles. Una alarma o sirena te advierte de un peligro. El suave zumbido de una abeja te dice que tengas cuidado.

Los oídos captan sonidos y envían mensajes al cerebro. El oído tiene tres partes: el oído externo, el oído medio y el oído interno.

Los sonidos pueden variar desde zumbidos muy bajos a toques muy ruidosos.

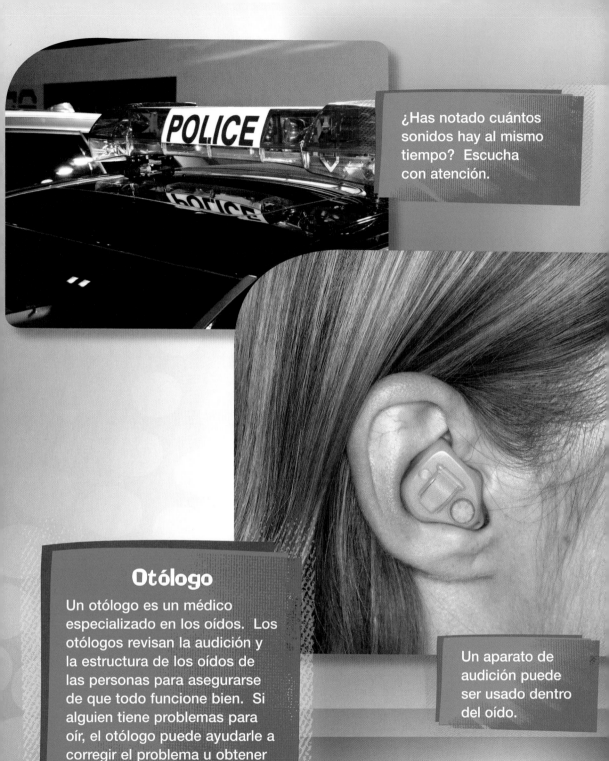

¿Has notado cuántos sonidos hay al mismo tiempo? Escucha con atención.

Otólogo

Un otólogo es un médico especializado en los oídos. Los otólogos revisan la audición y la estructura de los oídos de las personas para asegurarse de que todo funcione bien. Si alguien tiene problemas para oír, el otólogo puede ayudarle a corregir el problema u obtener un aparato de audición para que pueda oír bien.

Un aparato de audición puede ser usado dentro del oído.

El oído externo está formado por la **aurícula** y el **conducto auditivo**. La aurícula es la parte del oído que sobresale del cuerpo, es decir, la oreja. Puedes verla claramente en la cabeza. El oído externo capta sonidos y los dirige al interior del oído. El conducto auditivo también forma parte del oído externo. Es la zona que está dentro del cuerpo después de la oreja. El conducto auditivo produce **cerumen** que impide que la suciedad llegue a las partes internas del oído.

El oído medio está formado por el **tímpano** y unos huesos pequeños, llamados **martillo**, **yunque** y **estribo**. Estos huesos transmiten las **vibraciones** del tímpano al oído interno.

En el oído interno están la **cóclea** y la **trompa de Eustaquio**. La cóclea convierte las vibraciones a impulsos eléctricos que se envían al cerebro. La trompa de Eustaquio drena líquido hacia la garganta y mantiene igual la presión de los oídos en ambos lados.

¡Pruébalo!

Para ver cómo el oído externo te ayuda a captar sonidos, prueba esto. Coloca las manos detrás de las orejas, formando una especie de copa con ellas. Ahora escucha. Notarás que los sonidos parecen más fuertes. Las manos aumentan el tamaño de la aurícula y se captan más sonidos.

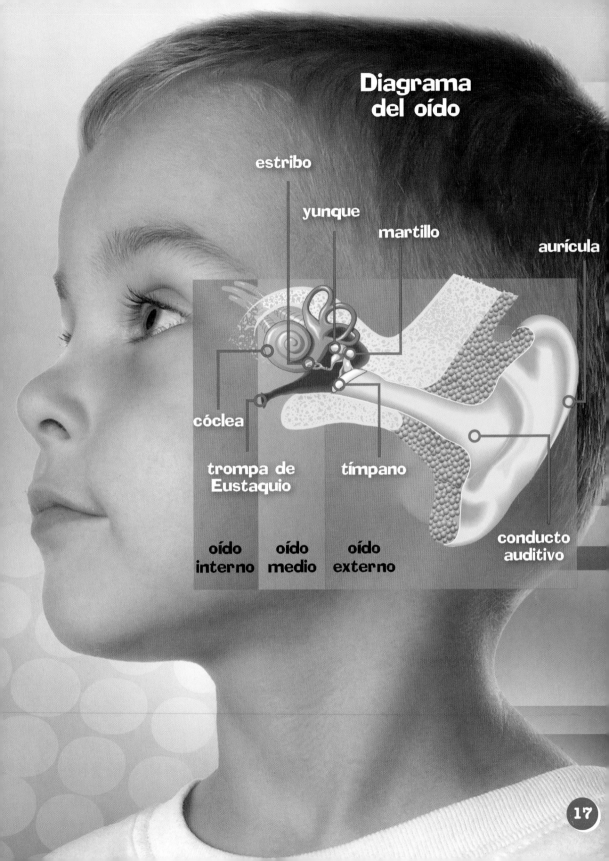

Diagrama
del oído

estribo

yunque

martillo

aurícula

cóclea

trompa de
Eustaquio

tímpano

conducto
auditivo

oído
interno

oído
medio

oído
externo

El oído medio y el oído interno son realmente sorprendentes. El tímpano en el oído medio es un pedazo de piel delgada, muy estirada. Los sonidos hacen que el tímpano vibre. Las vibraciones hacen que se muevan los pequeños huesos del oído medio. Esto, a su vez, hace que el sonido viaje al oído interno.

La cóclea del oído interno es un tubo pequeño, lleno de líquido. Además, la cóclea tiene vellosidades diminutas, llamadas **cilios**. Las vibraciones del sonido mueven los cilios y este movimiento envía un mensaje al cerebro. El cerebro entonces interpreta lo que estás oyendo.

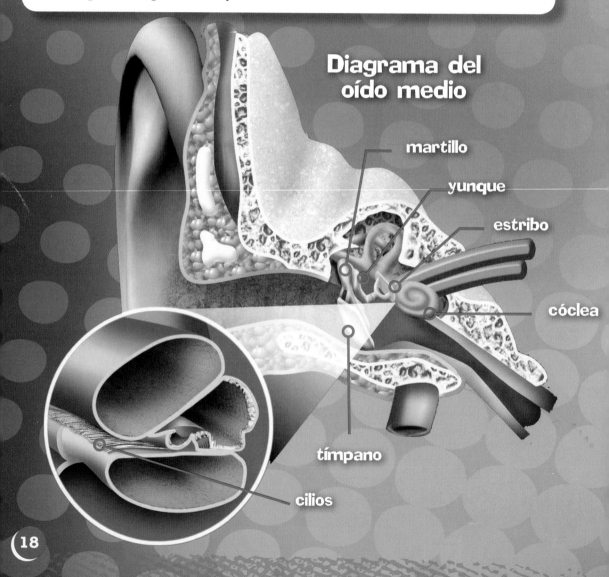

Diagrama del oído medio

martillo

yunque

estribo

cóclea

tímpano

cilios

Clasificación de decibelios

Peligroso

185
165 — lanzamiento de cohete
155
145 — fuegos pirotécnicos
135 — avión a reacción
125
115
105 — concierto de rock
95 — secadora de cabello
85 — tráfico
75 — lavadora
65 — hablar
55
45 — lluvia
35
25 — susurro
15
5
0 — sonido más bajo que se puede escuchar

Seguro

¡Demasiado ruidoso!

Los **decibelios** (dB) miden qué tan ruidoso es algo. Cualquier cosa más ruidosa que 80 dB puede causar problemas auditivos permanentes. Siempre usa protección para los oídos cuando hay mucho ruido alrededor.

El olfato

También percibes el mundo a través del olfato. Hay olores agradables y desagradables. La nariz capta los olores y envía mensajes al cerebro.

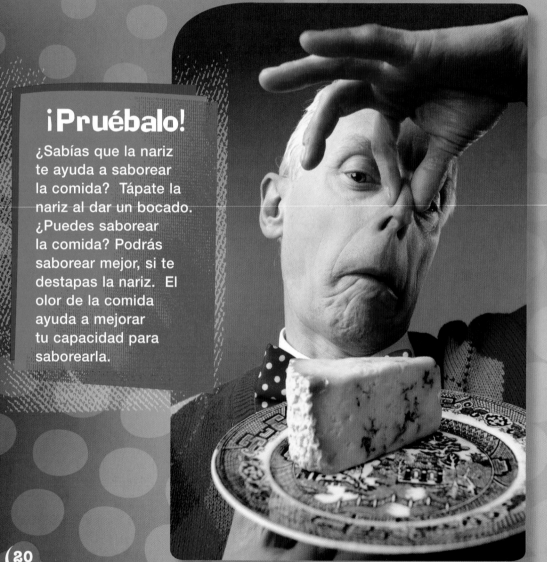

¡Pruébalo!

¿Sabías que la nariz te ayuda a saborear la comida? Tápate la nariz al dar un bocado. ¿Puedes saborear la comida? Podrás saborear mejor, si te destapas la nariz. El olor de la comida ayuda a mejorar tu capacidad para saborearla.

El olfato nos ayuda a saber que algo seguramente tendrá un sabor delicioso.

La nariz es mucho más que una protuberancia en el rostro. Dentro de la nariz hay dos largos tubos llamados **fosas nasales**. Las fosas nasales están separadas por un material blando, llamado **cartílago**. Detrás de la nariz hay un hueco en el cráneo, conocido como **cavidad nasal**. En la parte superior de la cavidad nasal está un órgano llamado **bulbo olfatorio**. Es una pequeña región de células nerviosas con vellosidades diminutas, llamadas cilios. Cuando el aire pasa por las vellosidades, se envían mensajes al cerebro y éste identifica el olor.

Estas fotos de cilios se tomaron con una cámara amplificadora especial.

Diagrama de la nariz

bulbo olfatorio

cavidad nasal

fosa nasal

El gusto

Ya sabes cómo hueles la comida pero, ¿cómo la saboreas?

¿Alguna vez te has fijado en tu lengua? La parte superior está cubierta de pequeñas protuberancias llamadas **papilas**. En ellas están las papilas gustativas. Las papilas gustativas te ayudan a percibir los sabores agrio o ácido, dulce, amargo y salado de las cosas. Cada papila gustativa tiene diminutas vellosidades que envían señales al cerebro cuando saboreas algo. Luego, el cerebro te dice qué sabor es.

¿Prefieres lo salado o lo dulce? ¿Lo agrio o lo amargo? Usa las papilas para averiguarlo.

¿Cuántas?

Hay aproximadamente 10,000 papilas gustativas en la lengua. Puedes usarlas para probar todo, desde helados hasta el maíz.

Mira tu lengua en un espejo. ¿Puedes ver las papilas?

¿Lo sabías?

En la lengua hay distintas zonas que sirven para detectar los diversos tipos de sabores. Percibes los sabores salados y dulces con la punta de la lengua, lo amargo con la base y los costados traseros de la lengua, y lo agrio con las zonas laterales del centro y del frente de la lengua.

El tacto

La piel es el órgano más grande del cuerpo. La piel es la principal responsable del calor, frío, dolor y presión que sientes. Tiene tres capas: **epidermis**, **dermis** e hipodermis o **tejido subcutáneo**.

¡Se te ve la epidermis! La capa exterior de la piel es la epidermis. Debajo de ella está la dermis y luego la hipodermis, formada por grasas.

La mayor parte del sentido del tacto se localiza en la dermis. Allí hay terminales nerviosas que ayudan a interpretar lo que sientes. Las terminales nerviosas envían mensajes al cerebro. Así, sabes si estás tocando algo caliente, áspero o filoso. Puedes sentir la diferencia entre un objeto suave y sedoso y otro espinoso e irregular.

Diagrama de la piel

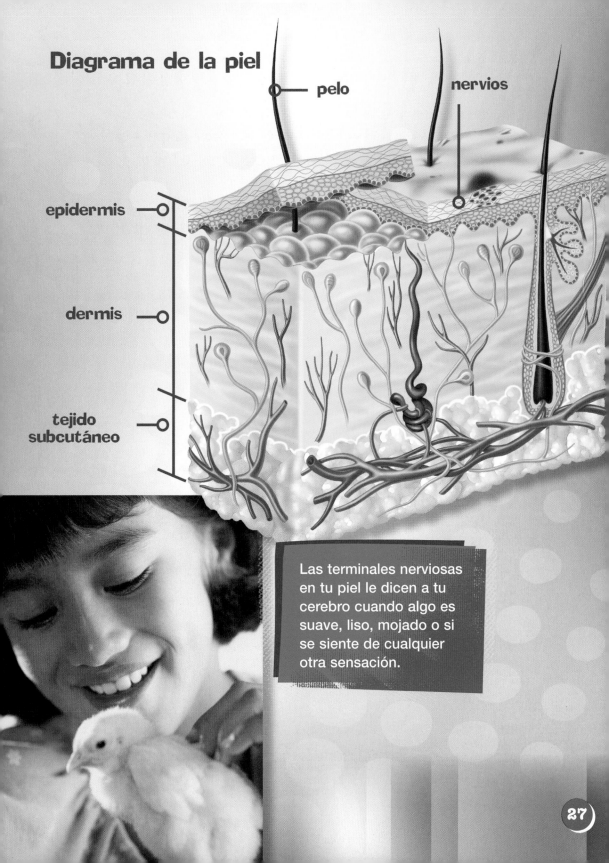

pelo

nervios

epidermis

dermis

tejido subcutáneo

Las terminales nerviosas en tu piel le dicen a tu cerebro cuando algo es suave, liso, mojado o si se siente de cualquier otra sensación.

¡Tiene sentido!

   ¡Qué fascinantes son los sentidos! Todos los días, los cinco sentidos trabajan juntos. ¿Alguna vez has hecho palomitas de maíz? Entonces has oído el sonido "¡Pop! ¡Pop!" y has olido la mantequilla. Has visto y has tocado los granos en tu mano. Has probado el tentempié salado en tu boca. Tus sentidos están aquí para que los uses. Tómate un minuto para sentir lo que te rodea. Gracias a los sentidos, puedes disfrutar del mundo.

¡POP!

Mmmm

¡POP!

¡POP!

Tus sentidos te ayudan a explorar el mundo.

Glosario

aurícula—la oreja, es decir, la parte del oído que ves en la cabeza

bulbo olfatorio—el área de la nariz donde comienzan los nervios olfatorios

cartílago—un tejido resistente y elástico que se encuentra en varias partes del cuerpo

cavidad nasal—el espacio detrás de la nariz

cerumen—la amarillenta y cerosa substancia que cubre el conducto auditivo

cilios—las diminutas protuberancias vellosas que causan movimiento

cóclea—un tubo en el oído que está lleno de líquido

conducto auditivo—el estrecho conducto en forma de tubo que permite la entrada del sonido en el oído

córnea—la parte transparente del ojo que cubre el iris y la pupila

cristalino—la parte del ojo que enfoca la luz en la retina del ojo

decibelios—las unidades de medir qué tan ruidoso es algo

dermis—la capa intermedia de la piel, donde ocurre la mayor parte de la sensación

epidermis—la capa exterior de la piel

esclera—la cubierta blanca del globo ocular

estribo—uno de los tres huesos pequeños del oído medio

fosas nasales—los largos tubos en la nariz

iris—la parte pigmentada del ojo

martillo—uno de los tres huesos pequeños del oído medio

neuronas—las células nerviosas

papilas—las protuberancias en la lengua

pupila—el círculo negro en el centro del ojo

retina—la parte trasera del globo ocular

tejido subcutáneo—la capa más profunda de la piel, hecha mayormente de grasa

tímpano—un pedazo de piel firmemente estirado en el oído medio

trompa de Eustaquio—el tubo delgado dentro del oído que drena líquido y equilibra la presión entre los oídos

vibraciones—el rápido movimiento oscilatorio del sonido

yunque—uno de los tres huesos pequeños del oído medio

Índice

Acerca de la autora

Jennifer Prior es profesora y escritora. Ha escrito una amplia gama de libros para Teacher Created Materials. Jennifer vive en Flagstaff, Arizona, con su esposo y cuatro mascotas.

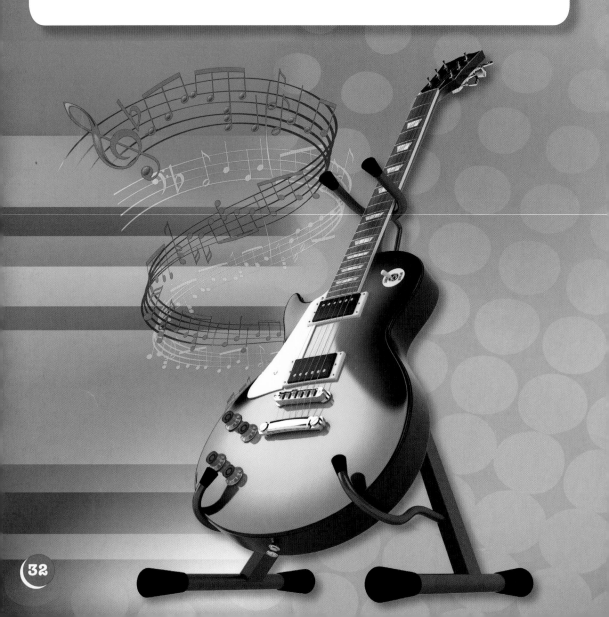